Rinat Faritovich Burnashev

ANÁLISE FILOSÓFICA DA SEGURANÇA DA INFORMAÇÃO PESSOAL

Rinat Faritovich Burnashev

ANÁLISE FILOSÓFICA DA SEGURANÇA DA INFORMAÇÃO PESSOAL

NA SOCIEDADE DA INFORMAÇÃO Monografia

ScienciaScripts

Imprint

Any brand names and product names mentioned in this book are subject to trademark, brand or patent protection and are trademarks or registered trademarks of their respective holders. The use of brand names, product names, common names, trade names, product descriptions etc. even without a particular marking in this work is in no way to be construed to mean that such names may be regarded as unrestricted in respect of trademark and brand protection legislation and could thus be used by anyone.

Cover image: www.ingimage.com

This book is a translation from the original published under ISBN 978-620-7-65235-8.

Publisher:
Sciencia Scripts
is a trademark of
Dodo Books Indian Ocean Ltd. and OmniScriptum S.R.L publishing group

120 High Road, East Finchley, London, N2 9ED, United Kingdom
Str. Armeneasca 28/1, office 1, Chisinau MD-2012, Republic of Moldova, Europe
Printed at: see last page
ISBN: 978-620-7-89202-0

Rinat Faritovich Burnashev

ANÁLISE FILOSÓFICA DA segurança da INFORMAÇÃO de uma pessoa na sociedade da informação

MONOGRAFIA.

Samarkand 2024

1

UDK 1(091) + (316,6)
BBK: 87,6

Burnashev R.F. Análise filosófica da segurança da informação do indivíduo na sociedade da informação. - 2024. - 62 c.

A monografia é dedicada ao estudo dos aspectos filosóficos da proteção pessoal no espaço global da informação. O autor considera os conceitos-chave da segurança da informação através do prisma da filosofia, analisando o impacto das tecnologias da informação na consciência e identidade humanas.

O documento expõe as questões da privacidade, da identidade digital e dos dilemas éticos decorrentes dos avanços tecnológicos.

É dada especial atenção às questões da cultura da informação e ao desenvolvimento de quadros regulamentares que promovam a proteção dos dados pessoais e o desenvolvimento sustentável da sociedade da informação.

A monografia é de interesse para especialistas em filosofia, sociologia, tecnologia da informação, bem como para todos os interessados nos problemas de segurança da informação no mundo moderno.

A segurança da informação é o estado de proteção da informação e das infra-estruturas de apoio contra várias ameaças, garantindo a confidencialidade, a integridade e a disponibilidade da informação. Inclui medidas destinadas a proteger os dados contra o acesso, a utilização, a divulgação, a destruição, a alteração ou a destruição não autorizados.

Com o rápido desenvolvimento das tecnologias da informação e a digitalização de todas as esferas da vida, o problema da segurança da informação está a tornar-se cada vez mais importante. A sociedade moderna, que depende da informação como um recurso fundamental, enfrenta muitas ameaças relacionadas com ciberataques, violações da privacidade dos dados e manipulação da informação. Uma segurança da informação insuficiente pode ter graves consequências económicas, políticas e sociais [1].

As tecnologias da informação alteram significativamente não só as estruturas sociais, mas também a própria personalidade humana. A ligação constante à Internet, a utilização ativa das redes sociais e dos dispositivos móveis alteram a perceção do mundo, as práticas de comunicação e até os processos cognitivos. Ao mesmo tempo, a vulnerabilidade do indivíduo às ameaças à informação, como o ciberbullying, a fuga de dados pessoais e a manipulação da consciência através dos meios de comunicação social e das redes sociais, está a aumentar.

O principal objetivo deste estudo é fornecer uma análise filosófica aprofundada do fenómeno da segurança da informação pessoal no contexto da sociedade da informação. O estudo visa identificar os problemas e desafios fundamentais enfrentados pelo indivíduo no contexto das ameaças à informação, bem como desenvolver um quadro teórico para compreender e garantir a segurança da informação. Os principais objectivos do estudo incluem:

1. Estudo dos aspectos históricos e teóricos do desenvolvimento do conceito de segurança da informação.

2. Análise das abordagens filosóficas ao conceito de informação e segurança, sua evolução e discursos actuais.

3. Identificação dos principais tipos de ameaças à segurança da informação pessoal na sociedade atual.

4. Analisar os aspectos psicológicos, sociais e éticos relacionados com as ameaças à informação.

5. Estudo da estratégia de segurança da informação pessoal, incluindo medidas governamentais, internacionais e tecnológicas.

6. Identificar o papel da educação e da cultura na formação da literacia da informação e no aumento do nível de segurança da informação do indivíduo.

CAPÍTULO I. FUNDAMENTOS TEÓRICOS DA SEGURANÇA DA INFORMAÇÃO PESSOAL

A segurança da informação pessoal é um conjunto de medidas e estratégias destinadas a proteger os dados pessoais contra o acesso não autorizado, o roubo, a fuga e outras formas de utilização indevida.

Este capítulo analisa os fundamentos teóricos da segurança da informação pessoal, que constituem a base para a compreensão e o desenvolvimento de métodos eficazes de proteção. É importante sublinhar que a segurança da informação inclui não só aspectos técnicos, mas também componentes legais, sociais e psicológicos.

1.1. ASPECTOS HISTÓRICOS DO DESENVOLVIMENTO DO CONCEITO DE SEGURANÇA DA INFORMAÇÃO

O conceito de **segurança da informação percorreu um** longo caminho no seu desenvolvimento devido a mudanças na tecnologia e nas estruturas sociais. No início, a segurança da informação referia-se exclusivamente à proteção de informações secretas e confidenciais nas esferas militar e governamental. Com o desenvolvimento da tecnologia informática e o aparecimento dos primeiros computadores em meados do século XX, o conceito expandiu-se para incluir a proteção dos dados contra o acesso não autorizado e os danos.

Nas décadas de 1970 e 1980, com o advento dos computadores pessoais e das redes locais, surgiu a necessidade de proteger os dados nos sectores comercial e privado. Durante este período, começaram a ser desenvolvidos os primeiros programas anti-vírus e sistemas de controlo de acesso. Na década de 1990, com o advento da Internet e da rede global, a segurança da informação tornou-se uma questão fundamental para todos os utilizadores e não apenas para as organizações especializadas. Surgiram novos desafios, como os ciberataques, os vírus, os ataques de hackers e as violações de dados.

No século XXI, com o desenvolvimento das tecnologias de nuvem, dos dispositivos móveis e da Internet das Coisas (IoT), a segurança da informação tornou-se ainda mais complexa. Inclui agora não só aspectos técnicos, mas também organizacionais, jurídicos e éticos destinados a proteger os dados pessoais, a propriedade intelectual e as infra-estruturas críticas.

Vejamos alguns exemplos históricos de ameaças à segurança da informação.

1. *O worm Morris* ou ***worm da Internet, de 2 de novembro de 1988,*** *foi* um dos primeiros incidentes amplamente conhecidos, quando um worm de rede criado pelo estudante Robert Morris se espalhou pela Internet, infectando computadores e causando graves problemas de funcionamento [2]. Isto deveu-se a um erro de software que fez com que o worm se copiasse para outros computadores sem a autorização dos utilizadores. Este foi um acontecimento importante na história da segurança da informação, que pôs em evidência as vulnerabilidades da nova tecnologia de ligação em rede. Após este incidente, Morris foi reconhecido como a primeira pessoa nos EUA a ser acusada de violar a Lei sobre Fraude e Abuso Informático.

O worm Morris foi um acontecimento importante na história da segurança informática porque expôs vulnerabilidades nos sistemas de rede e chamou a atenção para a necessidade de segurança nos ambientes de rede. As consequências do incidente também levaram à criação do CERT (Centro de Coordenação de Resposta a Emergências Informáticas) e ao aumento dos esforços para proteger as redes.

2.   ***O ataque ao Yahoo,*** que ocorreu em 2013-2014, é reconhecido como um dos maiores na história da Internet, quando cerca de três mil milhões de contas de utilizadores foram roubadas. Como resultado deste ataque, os atacantes obtiveram acesso a informações pessoais, incluindo nomes de utilizadores, endereços de correio eletrónico, números de telefone, datas de nascimento e palavras-passe encriptadas [3].

Este ataque só veio a lume em 2016, quando a Yahoo anunciou que tinha sofrido uma grave violação de segurança ocorrida em 2014. Este foi um duro golpe para a Yahoo e provocou alterações na política de segurança e na gestão da informação da empresa. O ataque também chamou a atenção para as questões de cibersegurança e fez com que muitas empresas repensassem as suas defesas contra as ameaças cibernéticas.

3.	*O ataque* de 2014 *à Sony Pictures Entertainment* foi um dos mais graves incidentes de cibersegurança alguma vez registados na indústria do entretenimento. No final de novembro de 2014, um grupo de piratas informáticos que se autodenominava Guardians of Peace (GOP) atacou os sistemas informáticos da Sony Pictures e roubou uma grande quantidade de informações sensíveis, incluindo mensagens de correio eletrónico, dados financeiros, documentos dos bastidores sobre filmes e informações pessoais sobre os empregados [4].

O aspeto mais notório deste ataque foi a divulgação de correspondência confidencial entre funcionários da Sony Pictures, incluindo a direção da empresa e personalidades conhecidas de Hollywood. Esta correspondência não só não era desejada pela empresa, como também atraiu a atenção dos media devido ao conteúdo de uma série de comentários racistas e pouco profissionais.

O ataque à Sony Pictures teve consequências graves para a empresa, incluindo perdas financeiras, violações de dados e danos à sua reputação.

4.	*O ciberataque WannaCry de* maio de 2017 foi um dos incidentes cibernéticos mais destrutivos e generalizados da história. O WannaCry explorou uma vulnerabilidade chamada EternalBlue que foi encontrada nos sistemas operativos Windows, o que permitiu que o WannaCry se espalhasse pelas redes, infetando computadores sem o envolvimento do utilizador [5].

Depois de infetar um computador, o WannaCry encriptava os dados no disco rígido, tornando-os inacessíveis ao utilizador. Era então apresentada uma mensagem a exigir um resgate para desencriptar os dados. Os atacantes exigiam que as organizações e os indivíduos afectados pagassem um resgate em bitcoins para recuperar os dados. Este foi um dos primeiros grandes casos de utilização de tácticas de ransomware em ciberataques.

O WannaCry infectou centenas de milhares de computadores em mais de 150 países em apenas alguns dias. Organizações governamentais, empresas, bancos e instalações médicas foram afectadas, causando graves problemas operacionais a algumas delas. Na sequência do ataque, a Microsoft lançou uma atualização de segurança que eliminou a vulnerabilidade e também forneceu correcções para versões desactualizadas do Windows, incluindo o Windows XP. O ataque WannaCry destacou-se pela sua escala, rápida propagação e graves consequências, sublinhando a importância da cibersegurança e da governação das tecnologias da informação.

Estes exemplos mostram que as ameaças à segurança da informação existem há muito tempo e evoluíram com a tecnologia. Sublinham a importância da melhoria contínua das medidas de segurança da informação e a necessidade de estar consciente dos riscos potenciais, tanto a nível pessoal como empresarial.

1.2. ABORDAGENS FILOSÓFICAS DOS CONCEITOS DE INFORMAÇÃO E DE SEGURANÇA

A informação é uma categoria fundamental na filosofia moderna, abrangendo vários aspectos do conhecimento, da comunicação e do ser humanos. Os filósofos consideram a informação como um elemento fundamental da realidade, juntamente com a matéria e a energia. Pode ser definida como qualquer mensagem com significado que reduza a incerteza do destinatário. Num contexto filosófico, a informação inclui dados, conhecimentos, símbolos e sinais, que desempenham um papel crucial na perceção e interpretação do mundo.

A consideração da informação como categoria filosófica inclui vários aspectos fundamentais, cada um dos quais revela diferentes facetas da sua natureza e significado.

O aspeto semântico centra-se naquilo que a informação transmite exatamente, no seu conteúdo e significado. Aqui, a questão da interpretação torna-se importante, ou seja, a forma como a informação é entendida e compreendida pelo sujeito. Na filosofia da linguagem e na teoria da informação, a semântica estuda a forma como os símbolos e os sinais se relacionam com os objectos e os fenómenos do mundo real.

O significado de uma informação pode depender do *contexto* em que é utilizada. O mesmo sinal ou mensagem pode ter significados diferentes consoante a situação.

O aspeto sintático trata da estrutura formal da informação, da sua organização e das regras de combinação de símbolos e sinais. Este aspeto é mais importante na matemática, na informática e na linguística, onde as leis e os princípios das estruturas de informação são estudados sem ter em conta o seu significado.

A sintaxe inclui regras gramaticais, lógica de programação e quaisquer outros *sistemas formais* que definam a forma como a informação deve ser organizada e apresentada.

A dimensão pragmática analisa a forma como a informação é aplicada na prática, a sua utilidade e o seu impacto no comportamento e nas decisões dos intervenientes. Examina a eficácia, a pertinência e a eficiência da informação.

A pragmática estuda a forma como a informação *influencia* as escolhas, os comportamentos e as acções das pessoas e inclui a análise dos actos comunicativos, os processos de tomada de decisão e a aplicação prática da informação.

Estes aspectos são indissociáveis. Por exemplo, para que uma informação seja útil (aspeto pragmático), deve não só ser corretamente organizada (aspeto sintático), mas também compreendida e interpretada (aspeto semântico). O estudo filosófico da informação ajuda a compreender melhor a sua natureza, o seu papel e o seu significado em vários contextos da atividade e da cognição humanas.

Na filosofia, a informação é também analisada através da lente de vários conceitos, como a teoria da informação de Claude Shannon, que se centra na medição quantitativa da informação e na sua transmissão através dos canais de comunicação, e a teoria da informação de Gregory Bateson, que vê a informação como "a diferença que importa" [6].

A segurança, enquanto categoria filosófica, tem também muitas dimensões e interpretações. Podem distinguir-se várias teorias principais na filosofia da segurança [7].

1. *A teoria clássica da segurança* é um conjunto de princípios e abordagens que se desenvolveram no pensamento político tradicional e nas relações internacionais para assegurar a defesa do Estado contra ameaças externas e internas. Vejamos em pormenor os principais elementos desta teoria.

Realismo. A premissa central do realismo é que o sistema internacional é anárquico, ou seja, não existe um órgão supremo que governe os Estados soberanos. Os Estados actuam em condições de autodeterminação, procurando garantir a sua própria segurança e os seus interesses nacionais. Na anarquia, os Estados procuram manter um equilíbrio de poder para evitar o domínio de uma potência sobre as outras. Isto pode incluir a formação de alianças e coligações, bem como uma corrida ao armamento. Os Estados são vistos como actores racionais que tomam decisões com base na análise dos riscos e benefícios para garantir a sua própria segurança.

Segurança militar. A teoria clássica da segurança dá grande ênfase ao poder militar como principal meio de defesa da soberania e da integridade territorial de um Estado. A presença de um exército forte e de estruturas de defesa serve de dissuasão a potenciais agressores, reduzindo a probabilidade de ataque.

Soberania e integridade territorial. Um princípio importante é a defesa da soberania e da integridade territorial de um Estado contra invasões externas. O reconhecimento das fronteiras internacionais e a rejeição de alterações forçadas dos territórios são elementos básicos do direito e da ordem internacionais.

Diplomacia e negociação. Apesar da ênfase no poder militar, a teoria clássica da segurança reconhece a importância da diplomacia e da negociação como meios de resolução de conflitos internacionais. Um elemento importante é uma abordagem pragmática da negociação, em que cada parte procura maximizar os seus benefícios, mas está disposta a fazer compromissos para garantir a estabilidade e evitar a guerra.

A teoria clássica da segurança, baseada nos princípios do realismo, continua a ser relevante no mundo moderno, apesar da emergência de novos desafios e ameaças, como o terrorismo, as ciberameaças e as questões ambientais. As abordagens modernas da segurança integram frequentemente princípios clássicos com novos conceitos, a fim de responder adequadamente às mudanças no ambiente internacional.

2. A teoria crítica da segurança oferece uma perspetiva alternativa sobre as questões de segurança que difere das abordagens tradicionais, como o realismo. Desenvolve-se no quadro da teoria crítica e do pós-estruturalismo e centra-se numa compreensão mais ampla e abrangente da segurança, incluindo os aspectos sociais, políticos e económicos. Vejamos mais de perto os principais elementos da teoria crítica da segurança.

Alargar o conceito de segurança. Ao contrário da teoria clássica da segurança, em que o objeto central da segurança é o Estado, a teoria crítica analisa a segurança ao nível dos indivíduos, das comunidades e das estruturas internacionais. A teoria crítica inclui nas suas análises ameaças não convencionais, como a instabilidade económica, a desigualdade social, as crises ambientais, as pandemias e os problemas humanitários.

Desconstrução dos conceitos tradicionais. A teoria crítica da segurança preocupa-se em analisar a forma como a noção de segurança é construída através da linguagem, dos discursos e das práticas políticas. Isto inclui examinar quem e como define o que constitui uma ameaça e que medidas são consideradas legítimas para a enfrentar. Um aspeto importante é analisar a relação entre o poder e o conhecimento, identificando o modo como certas formas de conhecimento e compreensão da segurança apoiam as estruturas e hierarquias de poder existentes.

Empoderamento e justiça social. A teoria crítica da segurança põe a tónica na proteção dos direitos humanos e na segurança a nível dos indivíduos e das comunidades. Um elemento importante é o esforço para proteger os interesses dos grupos vulneráveis que são frequentemente ignorados pelas abordagens tradicionais da segurança.

Orientação normativa. A teoria crítica da segurança levanta frequentemente questões de ética e moralidade, procurando uma abordagem mais justa e humana das questões de segurança. Um princípio fundamental é a procura da justiça social e da igualdade, o que exige que se repensem as instituições e políticas existentes.

Globalização e interseccionalidade. A teoria crítica da segurança examina o impacto da globalização na segurança, incluindo as interconexões entre diferentes regiões e actores na arena global. Um elemento importante é a análise da forma como as diferentes formas de opressão e discriminação (por exemplo, género, raça, classe) se cruzam e afectam a segurança.

Transformação e mudança. A teoria crítica da segurança apoia os movimentos sociais activos e as iniciativas que visam a mudança estrutural e a melhoria das condições de segurança para todos os sectores da sociedade. Um elemento importante é o desenvolvimento e a promoção de estratégias de segurança alternativas que se baseiam nos princípios da cooperação, do diálogo e da resolução pacífica de conflitos.

A teoria crítica da segurança procura uma compreensão mais inclusiva e equitativa da segurança que tenha em conta os aspectos complexos e multidimensionais da existência e interação humanas num contexto global.

3. A *abordagem fenomenológica da segurança* propõe que a segurança seja vista em termos da experiência e da perceção dos intervenientes, salientando a compreensão e a experiência subjectivas da segurança. Esta abordagem afasta-se dos modelos objectivistas e estruturais para uma compreensão mais individualizada e contextual da segurança. Vejamos os principais elementos da abordagem fenomenológica.

Percepções subjectivas da segurança. A abordagem fenomenológica realça a forma como os indivíduos percepcionam e experimentam a segurança ou a ameaça, o que inclui um exame dos seus sentimentos, pensamentos e experiências em diferentes situações. Um elemento importante é a consideração dos aspectos existenciais da segurança relacionados com os sentimentos de segurança, estabilidade e confiança no mundo.

Contextualidade e situacionalidade. A segurança é vista como um fenómeno específico do contexto e da situação, que inclui factores sociais, culturais, económicos e políticos que influenciam as percepções de segurança. Compreender que as percepções de segurança podem variar em função do tempo e do lugar, bem como das experiências pessoais e dos acontecimentos da vida do sujeito.

Intersubjetividade. A abordagem fenomenológica sublinha a importância da intersubjetividade, ou seja, a perceção partilhada e mútua da segurança. Isto significa que a compreensão da segurança é formada através da interação e da perceção dos outros. A segurança é entendida como um fenómeno socialmente construído em que os significados e valores colectivos desempenham um papel fundamental.

Historicidade. Um aspeto importante é considerar a dimensão temporal da segurança, a forma como os acontecimentos passados, presentes e futuros influenciam as percepções de segurança. Compreender como os acontecimentos históricos e a memória colectiva influenciam as percepções contemporâneas da segurança.

A abordagem fenomenológica da segurança oferece uma compreensão mais profunda e multidimensional do fenómeno, com base na experiência e perceção subjectivas. Esta abordagem permite ter em conta as diferenças individuais e as especificidades contextuais, o que a torna útil para a análise de situações de segurança complexas e dinâmicas.

4) A ***abordagem*** existencial ***da segurança baseia-se*** na filosofia do existencialismo e centra-se nas experiências, nos significados e nos aspectos existenciais da vida humana relacionados com a segurança. Esta abordagem centra-se nos aspectos internos, pessoais e existenciais da segurança, considerando-a como uma condição fundamental para a existência e a auto-realização de um indivíduo. Vejamos os principais elementos da abordagem existencial da segurança.

Segurança existencial. A abordagem existencial considera a segurança como uma condição básica para a existência humana. Um sentimento de segurança permite que as pessoas sintam a sua ligação ao mundo e o seu lugar nele. A questão da segurança é vista como parte da luta existencial pela existência, em que as ameaças podem pôr em causa a própria possibilidade de existir.

A ansiedade existencial é um sentimento fundamental associado à tomada de consciência da finitude da existência humana e da vulnerabilidade ao nada. A segurança, neste contexto, é entendida como uma forma de atenuar ou ultrapassar esta ansiedade. A ansiedade existencial pode estimular a procura de sentido e de formas de defesa, tanto físicas como psicológicas.

Liberdade e responsabilidade. A abordagem existencial sublinha a liberdade e a responsabilidade de cada indivíduo para criar o seu próprio espaço seguro. Isto inclui escolhas e acções pessoais para garantir a sua própria segurança e a segurança dos seus entes queridos. O indivíduo é responsável pelo seu próprio ser e deve participar ativamente na criação de condições que conduzam a um sentimento de segurança.

Autenticidade. A abordagem existencial considera a autenticidade como um aspeto importante da segurança, o que significa viver de acordo com os próprios valores e crenças e criar um sentimento interior de segurança e integridade. A autenticidade requer uma vontade de entrar em conflito com a realidade, incluindo o reconhecimento e a aceitação da vulnerabilidade e da finitude da nossa existência.

Relações interpessoais. A abordagem existencial sublinha a importância das relações interpessoais para se sentir seguro. O apoio e a aceitação dos entes queridos criam um sentimento de segurança. Os sentimentos de amor, amizade e solidariedade contribuem para um sentimento de segurança e para a superação da ansiedade existencial [8].

Sentido e objetivo. A filosofia existencial afirma que a segurança está relacionada com a procura e a descoberta de um sentido para a vida. A consciência do significado ajuda a lidar com a incerteza e as ameaças. Ter objectivos e aspirações claros dá estrutura e direção à vida, o que contribui para um sentimento de segurança.

Uma abordagem existencial da segurança oferece uma compreensão profunda e pessoal do fenómeno, centrando-se nas experiências interiores e nos significados que as pessoas atribuem à sua existência. Esta abordagem ajuda a ter em conta as diferenças individuais e os aspectos existenciais da vida humana, tornando-a valiosa para a análise e aplicação prática numa variedade de contextos relacionados com a segurança.

5. O *conceito de segurança da informação pessoal* combina ideias filosóficas sobre informação e segurança, aplicando-as às condições da sociedade da informação [9]. Os principais elementos deste conceito incluem:

A privacidade é a proteção de dados e informações pessoais contra o acesso não autorizado. Num contexto filosófico, a privacidade está relacionada com o direito à privacidade e ao espaço pessoal.

Integridade - garantir que a informação é fiável e imutável. A integridade da informação é importante para manter a verdade e a confiança na sociedade.

Acessibilidade - a capacidade de receber informação no momento e no local certos. A acessibilidade da informação garante a liberdade de expressão e o direito de ser informado.

O conceito filosófico de segurança da informação pessoal inclui também uma análise de questões éticas como o direito à informação, o equilíbrio entre segurança e liberdade e o impacto da tecnologia da informação na identidade e realização pessoais. É igualmente importante considerar o impacto da globalização e da digitalização nas percepções de segurança e privacidade e explorar os mecanismos de proteção da informação que podem contribuir para a criação de um ambiente de informação seguro para cada indivíduo.

1.3. A SEGURANÇA DA INFORMAÇÃO NO CONTEXTO DOS DISCURSOS FILOSÓFICOS CONTEMPORÂNEOS

O pós-modernismo, enquanto movimento filosófico, questiona as metanarrativas e as verdades absolutas, realçando a multiplicidade e a fragmentação da realidade. No contexto da segurança da informação, a abordagem pós-modernista enfatiza os seguintes aspectos:

Desconstrução da verdade. No discurso pós-moderno, a informação é vista como uma construção sujeita a manipulação e interpretação. A segurança da informação torna-se não só um problema técnico, mas também um problema semântico, em que é importante ter em conta quem e como a informação é interpretada.

Pluralidade de perspectivas. O pós-modernismo defende que não existe um único ponto de vista correto, o que significa que as abordagens à segurança da informação podem diferir em função do contexto cultural, social e político.

Simulacro e hiperrealidade. Jean Baudrillard introduz o conceito de hiperrealidade, em que as fronteiras entre o real e o virtual se esbatem. Neste contexto, a segurança da informação deve ter em conta o fenómeno das notícias falsas e dos simulacros, que criam uma falsa realidade e afectam a perceção da verdade [10].

A fenomenologia, enquanto abordagem filosófica, dá ênfase à experiência subjectiva e à perceção do mundo por parte de um indivíduo. No contexto da segurança da informação, a análise fenomenológica inclui:

Perceção subjectiva da segurança. Um aspeto importante é a forma como um indivíduo sente a sua segurança no espaço de informação, que inclui experiências pessoais e emoções relacionadas com ameaças à segurança da informação.

Experiência em direto e interatividade. A fenomenologia analisa a forma como os seres humanos interagem com as tecnologias da informação e como essas interacções moldam os sentimentos de segurança ou insegurança.

Intencionalismo e fluxos de informação. De uma perspetiva fenomenológica, é importante saber como a direccionalidade da consciência (intensionalismo) afecta a perceção da informação e a tomada de decisões, o que ajuda a compreender como as ameaças à informação afectam a vida quotidiana e as acções de um indivíduo.

A teoria crítica, de tradição marxista, procura expor as estruturas de poder e desigualdade, centrando-se nos aspectos sociais e políticos. No contexto da segurança da informação, a abordagem crítica considera:

Poder e controlo. A teoria crítica analisa a forma como o poder é distribuído através do controlo da informação, o que inclui questões de censura, vigilância e gestão dos fluxos de informação.

Ideologia e manipulação. Os críticos chamam a atenção para a forma como a informação é utilizada para manipular a consciência pública e reforçar as estruturas de poder existentes. Um aspeto importante é expor as falsas narrativas e a propaganda.

Justiça social e direitos humanos. A teoria crítica sublinha a necessidade de proteger os direitos à privacidade e ao acesso à informação, o que inclui o combate às desigualdades digitais e a proteção dos grupos vulneráveis contra as ameaças à informação [11].

O pós-modernismo, a fenomenologia e a teoria crítica fornecem abordagens diversas e perspicazes para analisar a segurança da informação pessoal na sociedade da informação. Ajudam a compreender a natureza multifacetada e multivalente dos problemas de segurança da informação e oferecem diferentes estratégias para os resolver, tendo em conta os aspectos objectivos e subjectivos deste problema complexo e importante.

O estudo dos fundamentos teóricos da segurança da informação pessoal permite formar uma compreensão holística dos problemas e soluções neste domínio. A tomada de consciência da importância da proteção dos dados pessoais e a aplicação de medidas de segurança eficazes contribuem para a criação de um ambiente digital seguro e de confiança para cada indivíduo.

A segurança das informações pessoais é um aspeto importante da vida humana moderna, porque com o desenvolvimento da tecnologia e dos recursos da Internet, o número e a variedade de ameaças às informações pessoais estão a aumentar rapidamente. A proteção dos dados pessoais e a garantia da privacidade estão a tornar-se tarefas prioritárias nas condições de utilização quotidiana dos serviços em linha, das redes sociais e dos meios de comunicação electrónicos. Várias ameaças podem afetar negativamente a segurança pessoal e financeira, a reputação e o estado psico-emocional de uma pessoa [12].

2.1. TIPOS de AMEAÇAS À SEGURANÇA DAS INFORMAÇÕES PESSOAIS

Os ciberataques são acções direccionadas que visam perturbar os sistemas informáticos, as redes e o software. Os principais tipos de ciberataques incluem vírus, cavalos de Troia, phishing, ataques DDoS, pirataria informática e rootkits. O impacto dos ciberataques num indivíduo pode ser multifacetado.

As perdas financeiras decorrentes de ciberataques podem ser significativas e variam consoante o tipo de ataque, a dimensão da organização e o sector. Veja-se os tipos de ciberataques e as perdas que lhes estão associadas [13].

Ataques de ransomware. As perdas financeiras estão relacionadas com os pagamentos de resgates, a recuperação de dados e o tempo de inatividade. Por exemplo, o ataque à Colonial Pipeline em 2021, em que os pagamentos de resgate totalizaram cerca de 4,4 milhões de dólares e as perdas totais foram estimadas em dezenas de milhões de dólares [14].

Phishing. As perdas financeiras estão relacionadas com o roubo de fundos, a fuga de dados e o restabelecimento da reputação. Por exemplo, em 2020, o Twitter foi atacado, o que levou à pirataria de contas de utilizadores de alto nível e a perdas financeiras devido a uma diminuição da confiança dos clientes [15].

Ataques DDoS (ataques distribuídos de negação de serviço). As perdas financeiras são observadas devido ao tempo de inatividade do serviço, à perda de receitas dos clientes e aos custos de defesa. Em 2016, um ataque DDoS à Dyn causou interrupções em sítios importantes como o Twitter, a Netflix e o Reddit, com perdas estimadas em milhões de dólares [16].

Roubo de dados e violações de segurança. As perdas financeiras incluem a perda de informações sensíveis, coimas e acções judiciais e medidas de correção da segurança. A pirataria informática da Equifax em 2017, em que foram roubados dados de 147 milhões de pessoas, custou à empresa mais de 1,4 mil milhões de dólares [17].

As perdas financeiras resultantes de ciberataques são uma ameaça significativa para as empresas e para a economia em geral. As organizações devem investir na cibersegurança, nos seguros de risco e na formação dos trabalhadores para minimizar estes riscos.

O stress psicológico causado pelos ciberataques é significativo e pode afetar tanto os utilizadores individuais como os trabalhadores das organizações. Vejamos os principais aspectos relacionados com o stress psicológico causado pelos ciberataques.

Medo e ansiedade. A perda de informações pessoais, a ameaça de novos ataques e a incerteza quanto à segurança dos dados levam a uma ansiedade constante, ao medo de utilizar dispositivos digitais e a insónias.

Sentimentos de impotência. A falta de controlo sobre a situação, a incapacidade de prevenir ou parar o ataque provocam depressão, um sentimento de perda de controlo sobre a vida e uma diminuição da autoconfiança.

Raiva e frustração. A perturbação da vida normal ou do trabalho, a necessidade de custos para restaurar dados ou sistemas contribuem para comportamentos agressivos, irritabilidade, sentimentos de injustiça.

Perturbação de stress pós-traumático. O stress severo de um ataque, especialmente se o incidente foi de grande escala ou teve consequências duradouras, causa pensamentos intrusivos sobre o evento, evitamento digital e ansiedade severa ao utilizar computadores ou serviços de Internet.

Os empregados stressados perdem frequentemente a capacidade de concentração, o que leva a uma diminuição da produtividade e a um aumento dos erros, o que pode exacerbar os efeitos de um ataque. Os executivos e os proprietários de empresas podem sofrer um stress adicional devido à responsabilidade de proteger a empresa e os seus dados. A consciência das perdas financeiras e das possíveis implicações legais pode pesar muito na psique.

Os ciberataques não só causam prejuízos financeiros, como também têm um impacto significativo no bem-estar psicológico das pessoas. As organizações devem ter em conta este aspeto e aplicar estratégias para reduzir o stress e aumentar a resiliência psicológica dos trabalhadores e dos gestores.

Os danos à reputação causados por ciberataques são uma grande ameaça para as empresas e organizações. As perdas de reputação podem ser duradouras e dispendiosas, afectando a confiança dos clientes, parceiros e investidores. Vejamos os principais aspectos e consequências dos danos à reputação causados por ciberataques.

Perda de confiança dos clientes. A fuga de dados pessoais, as informações financeiras dos clientes ficam disponíveis para os atacantes, pelo que os clientes podem recusar os serviços da empresa, mudar para a concorrência, falar negativamente sobre a empresa nas redes sociais e nos fóruns.

Cobertura negativa dos media. Os ataques em grande escala ou de grande visibilidade atraem a atenção dos meios de comunicação social, que cobrem ativamente o incidente, e as publicações negativas podem ficar permanentemente enraizadas no campo da informação, afectando a perceção da marca.

Perda de reputação comercial. Os parceiros e as contrapartes podem duvidar da fiabilidade da empresa enquanto parceiro comercial, o que pode levar à rutura das relações comerciais, à recusa de celebrar novos contratos e à deterioração das condições de cooperação.

Queda do preço das acções. Os investidores reagem a fugas de dados e ciberataques vendendo acções da empresa devido a preocupações com o seu futuro, o que pode levar a uma diminuição da capitalização bolsista da empresa, reduzindo o seu interesse de investimento.

Os danos à reputação causados por ciberataques podem ter um impacto duradouro e devastador numa empresa. No entanto, uma resposta rápida e transparente, a indemnização das vítimas, a melhoria das medidas de segurança e relações públicas proactivas podem ajudar a atenuar o impacto negativo e a restaurar a confiança na marca.

A engenharia social e a manipulação são técnicas utilizadas pelos atacantes para enganar as pessoas e obter informações confidenciais ou acesso aos sistemas. Estes métodos baseiam-se em técnicas psicológicas que influenciam o comportamento e as percepções das pessoas [18]. Vejamos os principais aspectos da engenharia social e da manipulação, bem como as formas de defesa.

Phishing. Envio de e-mails ou mensagens falsas que parecem ser pedidos oficiais de fontes fiáveis com o objetivo de obter logins, palavras-passe e informações financeiras.

Smishing (phishing por SMS). Envio de mensagens de texto a partir de
pedidos ou ligações fraudulentas são utilizados para instalar malware no seu dispositivo.

Vishing (phishing por voz). A utilização de chamadas telefónicas para enganar as pessoas e obter informações confidenciais para obter palavras-passe, números de cartões bancários e outras informações pessoais.

Pretexto. Criação de um cenário fictício ou de uma história falsa para obter informações com o objetivo de ganhar confiança e extrair dados sensíveis.

Falsificação de identidade (impersonation). Um atacante faz-se passar por uma pessoa de confiança ou por um funcionário da empresa para obter acesso a informações ou sistemas.

Seguimento. Um intruso entra num local protegido seguindo um utilizador legítimo para obter acesso físico a áreas ou informações protegidas.

A engenharia social e a manipulação representam uma séria ameaça à segurança da informação e dos sistemas, porque estas técnicas se baseiam na exploração da credulidade e da desatenção humanas. No entanto, a formação regular, a sensibilização, a utilização de medidas de segurança sofisticadas e a monitorização de actividades suspeitas podem reduzir significativamente o risco de ataques bem sucedidos e proteger tanto os utilizadores individuais como as organizações.

As ameaças à privacidade e à confidencialidade no mundo digital de hoje são cada vez mais significativas, afectando tanto os utilizadores individuais como as organizações. Estas ameaças podem provir de várias fontes, incluindo cibercriminosos, empresas que recolhem dados e até agências governamentais [19]. Vejamos os principais tipos de ameaças, as suas consequências e as formas de nos protegermos.

Ciberataques e pirataria informática. Os atacantes invadem sistemas e redes para roubar dados, o que pode levar à fuga de informações pessoais e financeiras, à perda de dados e a prejuízos financeiros.

Vigilância e controlo. A recolha de dados sobre os utilizadores sem o seu conhecimento conduz à violação da privacidade, à utilização de dados sem consentimento e à possibilidade de chantagem.

Fugas de dados. O acesso ilegal ou acidental a dados pessoais tem consequências sob a forma de fugas maciças de informações confidenciais, comprometendo dados pessoais e financeiros.

Recolha de dados pelas empresas. As empresas recolhem e analisam dados dos utilizadores para fins de marketing através das redes sociais e da análise das preferências dos consumidores, o que resulta em violações da privacidade e na utilização de dados sem o consentimento explícito dos utilizadores.

As ameaças à privacidade e à confidencialidade dos dados no mundo digital são multifacetadas e podem ter consequências graves. Uma proteção eficaz exige uma abordagem integrada que inclua medidas técnicas, educativas, jurídicas e processuais. Desta forma, os riscos serão significativamente reduzidos e os utilizadores e as organizações terão um nível de segurança mais elevado.

Os tipos de ameaças à segurança das informações pessoais acima referidos sublinham a importância de uma abordagem global da proteção dos dados, que inclua não só medidas técnicas, mas também a sensibilização dos utilizadores para os possíveis riscos e para os métodos de os evitar.

2.2. ASPECTOS PSICOLÓGICOS E SOCIAIS DAS AMEAÇAS À INFORMAÇÃO

As ameaças à informação, como os ciberataques, as violações de dados e a ciberperseguição, podem ter um impacto significativo no *bem-estar psicológico dos indivíduos*. Vejamos os principais aspectos deste impacto.

Stress e ansiedade. A ameaça constante de ciberataques e fugas de identidade pode causar stress e ansiedade crónicos, o que tem um impacto negativo na saúde mental.

Sentimentos de vulnerabilidade e impotência. Uma pessoa pode ter uma sensação de impotência e vulnerabilidade ao saber que os seus dados pessoais podem ser roubados ou utilizados sem o seu consentimento.

Depressão e perda de autoestima. O ciberbullying e os ataques em linha podem levar à depressão e à perda de autoestima, especialmente nos jovens e adolescentes que são mais susceptíveis às redes sociais.

As ameaças à informação podem contribuir para o ***isolamento social de um indivíduo***. Vejamos os principais mecanismos deste processo.

Perda de confiança na comunicação em linha. Ameaças e incidentes de segurança contínuos podem levar um indivíduo a evitar a utilização de plataformas em linha para comunicação, o que limita os seus contactos sociais.

Isolamento devido ao ciberbullying. As vítimas de ciberassédio podem optar por se isolar como forma de evitar novos ataques, levando à rejeição social e à solidão.

Estigmatização e discriminação. A divulgação de informações confidenciais pode levar à estigmatização e à discriminação no mundo real, o que também contribui para a exclusão social.

As redes sociais desempenham um papel fundamental na propagação e amplificação das ameaças à informação [20]. Eis alguns aspectos desta influência.

Difusão de desinformação. As redes sociais são frequentemente utilizadas para difundir notícias falsas e desinformação, o que pode causar pânico e desconfiança em relação às fontes oficiais de informação.

Cyberbullying e trolling. As redes sociais proporcionam uma plataforma para a ciberperseguição e o trolling anónimos, que podem ter um impacto grave na saúde mental dos utilizadores.

Recolha e utilização de dados. As redes sociais recolhem ativamente dados dos utilizadores, que podem ser utilizados tanto para publicidade direccionada como para fins mais maliciosos, como a engenharia social e a manipulação de opiniões.

Estes aspectos psicológicos e sociais das ameaças à informação sublinham a necessidade de uma abordagem global da proteção pessoal na sociedade da informação. Esta abordagem inclui tanto medidas tecnológicas como o desenvolvimento da literacia da informação e da resiliência psicológica dos utilizadores.

2.3. QUESTÕES ÉTICAS E SEGURANÇA DA INFORMAÇÃO

Os dilemas éticos no domínio da segurança da informação são situações complexas em que as acções ou decisões dos profissionais podem conduzir a contradições entre diferentes princípios morais e obrigações profissionais [21]. Vejamos alguns desses dilemas.

1 O dilema ético entre **privacidade** e **segurança** no domínio da segurança da informação está relacionado com a tensão entre a necessidade de proteger a sociedade e as infra-estruturas contra ameaças e o dever de respeitar a privacidade e a confidencialidade dos utilizadores. Analisemos este dilema em mais pormenor.

A privacidade refere-se aos direitos dos utilizadores à *privacidade* (as pessoas têm direito à privacidade e a não sofrerem interferências injustificadas na sua vida pessoal), à *confidencialidade dos dados* (os dados pessoais devem ser protegidos contra o acesso e a utilização não autorizados), à *sensibilização* e ao consentimento (os utilizadores devem ser informados e dar o seu consentimento sobre a forma como os seus dados são recolhidos, utilizados e protegidos).

A segurança destina-se a proteger *a segurança nacional* (protegendo o Estado *e* a sociedade de ameaças como o terrorismo, os ciberataques e a criminalidade), a segurança *empresarial (protegendo* as organizações de violações de dados, perdas financeiras e danos à reputação) e a segurança pessoal (protegendo os indivíduos de roubos de identidade, fraudes e outros tipos de abusos).

Utilizando estudos de casos, analisar o dilema ético entre privacidade e segurança e as abordagens para o resolver.

Monitorização e recolha de dados. Os serviços de segurança pública e as empresas privadas podem recolher e analisar grandes quantidades de dados para identificar potenciais ameaças. Isto pode incluir o rastreio da atividade na Internet, chamadas telefónicas e transacções financeiras. Por um lado, esta monitorização pode prevenir o crime e proteger a sociedade. Por outro lado, viola a privacidade dos utilizadores, que podem não se aperceber que estão a ser monitorizados.

Encriptação e aplicação da lei. Empresas como a Apple e a Google estão a implementar métodos de encriptação fortes para proteger os dados dos utilizadores. Este tipo de encriptação protege a privacidade do utilizador, mas também pode dificultar o acesso aos dados por parte das autoridades policiais no âmbito de investigações. Os requisitos para fornecer "portas traseiras" aos sistemas de encriptação podem enfraquecer a segurança global.

Controlo do acesso e monitorização dos empregados. As organizações implementam sistemas de monitorização para evitar ameaças internas e aplicar políticas de segurança. A monitorização dos empregados pode identificar potenciais ameaças e proteger a organização, mas também pode invadir a privacidade dos empregados e minar a sua confiança.

Eis várias abordagens para resolver o dilema.

Transparência. As organizações devem ser transparentes nas suas práticas de recolha e utilização de dados, informando os utilizadores e os trabalhadores sobre os dados que são recolhidos e para que fins.

Consentimento e controlo. Os utilizadores devem poder dar um consentimento informado para a recolha e utilização dos seus dados e ter controlo sobre os seus dados pessoais.

Minimização dos dados. Recolher e armazenar apenas os dados necessários para fins específicos e eliminar os dados quando já não forem necessários.

Equilíbrio de interesses. Encontrar um equilíbrio entre a necessidade de segurança e o respeito pelo direito à privacidade. Isto pode incluir o desenvolvimento e a implementação de tecnologias que proporcionem segurança sem comprometer significativamente a privacidade.

Códigos éticos e regulamentos. Adesão a normas éticas e regulamentos legais que estabelecem o quadro para a recolha e utilização aceitáveis de dados.

O dilema ético entre privacidade e segurança exige uma abordagem equilibrada e uma procura constante de compromissos. Os profissionais da segurança da informação devem esforçar-se por criar sistemas que protejam a sociedade das ameaças e respeitem os direitos dos indivíduos à privacidade.

2 O dilema ético da **divulgação de vulnerabilidades** surge quando alguém descobre uma vulnerabilidade num software, num sistema de segurança ou em qualquer outro produto tecnológico e se vê confrontado com a escolha do que fazer com essa informação. Vejamos os principais aspectos deste dilema.

Divulgação da vulnerabilidade ao fornecedor (divulgação responsável). O fornecedor tem a oportunidade de corrigir a vulnerabilidade, protegendo os utilizadores e os seus dados, mas pode ignorar ou atrasar o processo de correção, deixando a vulnerabilidade aberta durante muito tempo.

Divulgação pública total (full disclosure). Acelera a correção da vulnerabilidade porque os utilizadores podem exigir que o fornecedor corrija o problema rapidamente e a pressão do público favorece a segurança. No entanto, os atacantes podem explorar a vulnerabilidade antes de esta ser corrigida, o que pode levar a perdas significativas e ao comprometimento de dados.

Não divulgação (ocultação de informações). A vulnerabilidade não é conhecida publicamente, o que pode reduzir a probabilidade de exploração por parte dos atacantes, mas a vulnerabilidade continua por corrigir e é potencialmente perigosa para os utilizadores.

Aqui estão várias abordagens para resolver o dilema.

Modelo de divulgação responsável. O fornecedor deve ser informado do problema e deve ser-lhe dado um determinado período de tempo para o corrigir antes da divulgação pública. Esta abordagem equilibra a necessidade de correção com a redução do risco de exploração por parte dos atacantes.

Comunicar com a comunidade profissional. A participação de peritos em segurança para discutir e encontrar a melhor solução pode ajudar a encontrar a melhor abordagem.

Aspectos jurídicos. Em primeiro lugar, é necessário ter em conta a legislação relacionada com a divulgação de vulnerabilidades, de modo a não violar os regulamentos legais.

Assim, a divulgação de vulnerabilidades é uma questão ética complexa que exige o equilíbrio de diferentes interesses e possíveis consequências. A melhor abordagem é frequentemente o modelo de divulgação responsável, que permite ao fornecedor corrigir o problema antes de este ser divulgado publicamente, protegendo assim os utilizadores e contribuindo para melhorar a segurança do produto.

3 O dilema ético de **equilibrar a abertura e o secretismo** surge frequentemente em vários domínios, como os negócios, a ciência, a medicina, a administração pública e outros. É importante compreender que se trata de um conflito entre a necessidade de manter certas informações secretas e o desejo de transparência e acessibilidade da informação ao

público. Consideremos este dilema com base no exemplo dos negócios e da medicina.

NEGÓCIOS	MEDICINA
Sigilo	
1. *Vantagem competitiva.* As empresas mantêm frequentemente em segredo os seus planos estratégicos, o desenvolvimento de novos produtos e as estratégias de marketing, a fim de manterem uma vantagem competitiva. 2. *Privacidade do cliente.* As empresas são obrigadas a proteger os dados pessoais dos seus clientes para evitar fugas e possíveis utilizações indevidas. 3. *Questões internas.* As informações sobre questões internas da empresa (por exemplo, dificuldades financeiras ou conflitos entre empregados) também são frequentemente mantidas confidenciais para não prejudicar a reputação da empresa.	1. *Confidencialidade do paciente.* A confidencialidade entre médico e paciente é um princípio fundamental que protege os dados médicos pessoais dos pacientes. *Investigação ética.* Algumas investigações médicas requerem sigilo para proteger os participantes na investigação e garantir a objetividade dos resultados.
Abertura	
1. *Confiança do cliente.* A transparência sobre a utilização dos dados dos clientes e a comunicação honesta sobre os produtos e serviços podem criar confiança nos clientes. 2. *Responsabilidade social das empresas. A abertura* em relação à responsabilidade social das empresas e ao desenvolvimento sustentável pode melhorar a reputação de uma empresa. 3. *Os investidores* exigem transparência nas demonstrações financeiras e nos planos estratégicos para tomarem decisões informadas.	1. *Saúde pública.* A transparência dos dados epidemiológicos e das informações sobre a propagação de doenças é necessária para proteger a saúde pública. 2. *Investigação científica.* O acesso livre aos resultados da investigação científica faz avançar a medicina e permite que outros cientistas verifiquem e utilizem os dados.

O equilíbrio entre a abertura e o sigilo é uma tarefa complexa e multifacetada, que exige a ponderação dos interesses das diferentes partes e das possíveis consequências. Cada situação é única, e a abordagem para resolver este dilema deve ser fundamentada e equilibrada, com base em princípios éticos, na legislação e no interesse público.

Cada um destes dilemas exige uma análise cuidadosa e uma abordagem equilibrada que tenha em conta tanto as normas profissionais como os princípios morais universais. Os profissionais de segurança da informação devem esforçar-se por encontrar a melhor solução, minimizando as consequências negativas para todas as partes.

A segurança da informação está diretamente ligada aos **direitos humanos,** incluindo o direito à privacidade, o acesso à informação e a liberdade de expressão.

O direito à privacidade é um direito fundamental que pode ser posto em causa por uma segurança inadequada da informação. São necessárias medidas para proteger os dados pessoais contra o acesso e a utilização não autorizados.

O direito de acesso à informação. É importante garantir que as medidas de proteção da informação não restrinjam o acesso aos conhecimentos e à informação necessários para o desenvolvimento pessoal e profissional.

Liberdade de expressão. A proteção da segurança da informação não deve conduzir à censura e à restrição da liberdade de expressão. É importante encontrar um equilíbrio entre a prevenção de actividades maliciosas e a proteção do direito de expressão.

São necessários **padrões** e normas de comportamento claros para garantir uma abordagem ética da segurança da informação:

Desenvolver e aplicar normas éticas. Devem ser desenvolvidas normas internacionais e nacionais que regulem aspectos da segurança da informação, como a recolha, o armazenamento e a utilização de dados.

Comportamento ético no ciberespaço. Promover um comportamento ético entre os utilizadores e os profissionais de TI, incluindo o respeito pela privacidade e pelos direitos dos outros utilizadores.

Controlo e aplicação das normas. Introduzir mecanismos para monitorizar e fazer cumprir as normas éticas, incluindo empresas de auditoria independentes e comités de ética capazes de investigar e sancionar as violações.

As questões éticas relacionadas com a segurança da informação exigem uma abordagem integrada que combine medidas jurídicas, técnicas e morais. É importante considerar as múltiplas dimensões da ética no contexto da digitalização e da globalização, a fim de criar uma sociedade da informação segura e justa.

CAPÍTULO III. ESTRATÉGIAS PARA GARANTIR A SEGURANÇA DAS INFORMAÇÕES DE CARÁCTER PESSOAL

No mundo atual, a segurança das informações pessoais está a tornar-se uma tarefa cada vez mais urgente, dado o rápido desenvolvimento das tecnologias da informação e a utilização generalizada das plataformas digitais. Todos os dias, uma pessoa enfrenta várias ameaças no ciberespaço, que vão desde a fuga de dados pessoais à fraude e à ciberperseguição. Numa sociedade transformada digitalmente, a proteção das informações sobre cada um de nós é de importância primordial.

Com o desenvolvimento das tecnologias da informação, não só o número e a variedade de ciberameaças estão a aumentar, como também a complexidade dos métodos de proteção contra elas. As abordagens tradicionais de segurança que funcionavam eficazmente há alguns anos são muitas vezes insuficientes face aos novos desafios. A este respeito, o desenvolvimento e a aplicação de estratégias globais de segurança da informação que abranjam todos os aspectos da proteção pessoal no espaço digital estão a tornar-se relevantes.

3.1 ABORDAGENS ESTATAIS E INTERNACIONAIS DA SEGURANÇA DA INFORMAÇÃO

As políticas estatais de segurança da informação incluem muitas medidas legislativas destinadas a proteger a informação e as infra-estruturas críticas das ciberameaças. Vejamos os principais aspectos dessas políticas e exemplos de medidas legislativas em diferentes países.

Os principais aspectos da política de segurança da informação incluem:

1. *Desenvolvimento de estratégias e programas nacionais.* Os Estados desenvolvem estratégias nacionais de cibersegurança que incluem objectivos e prioridades para a proteção dos sistemas de informação e programas para melhorar a ciber-resiliência das infra-estruturas críticas.

2. *Estabelecimento de um quadro jurídico e regulamentar.* Actos

legislativos que regulamentam a proteção dos dados, a cibercriminalidade e a proteção das infra-estruturas críticas

infra-estruturas, bem como normas e regulamentos para o sector privado em matéria de proteção de dados.

3. ***Organização de organismos e centros especializados.*** Centros e organismos nacionais de cibersegurança responsáveis pela coordenação e execução da política estatal neste domínio.

4. ***Cooperação internacional.*** Participação em acordos e iniciativas internacionais sobre cibersegurança, cooperação com outros países e organizações internacionais na luta contra o cibercrime.

Eis alguns exemplos de medidas legislativas em diferentes países no domínio da segurança da informação.

Uzbequistão

A lei da República do Usbequistão "Sobre a informatização" (n.º 560-II de 11.12.2003) regula as relações no domínio da informatização, a utilização dos recursos e dos sistemas de informação, estabelece obrigações de proteção da informação e a responsabilidade pela sua utilização ilegal.

A Lei da República do Usbequistão "Sobre os dados pessoais" (n.º ZRU-547 de 02.07.2019) regula as relações no domínio dos dados pessoais decorrentes do tratamento e da proteção dos dados pessoais, independentemente dos meios de tratamento aplicados, incluindo as tecnologias da informação.

A Lei da República do Usbequistão "Sobre a cibersegurança" (n.º ZRU-764 de 15.04.2022) regula as relações no domínio da cibersegurança e define a proteção dos interesses dos indivíduos, da sociedade e do Estado contra ameaças externas e internas no ciberespaço como uma prioridade para garantir a cibersegurança do Estado.

As medidas legislativas no domínio da segurança da informação no Usbequistão destinam-se a criar um sistema global de proteção da informação, incluindo aspectos jurídicos e técnicos que garantam a proteção dos dados e dos sistemas de informação a todos os níveis.

Federação Russa

A lei federal "relativa aos dados pessoais" (n.º 152-FZ de 27.07.2006) regula a recolha, o armazenamento e o tratamento de dados pessoais e estabelece requisitos para a proteção dos dados pessoais contra o acesso não autorizado.

A Lei Federal "Sobre a Segurança das Infra-estruturas Críticas de Informação da Federação Russa" (n.º 187-FZ de 26.07.2017) regula a proteção das infra-estruturas críticas de informação contra ciberataques e introduz obrigações para os proprietários de objectos de infra-estruturas críticas de informação para garantir a sua segurança.

EUA

O Federal Information Security Management Act (FISMA, 2002) é uma lei que visa proteger os sistemas de informação do governo federal e estabelece normas e requisitos para a gestão da segurança da informação nos organismos federais.

A Lei sobre a Partilha de Informações em matéria de Cibersegurança (CISA, 2015) é uma lei de partilha de informações sobre ciberameaças entre o sector privado e a administração pública e proporciona um quadro jurídico para a partilha de informações sobre ciberameaças, a fim de prevenir e combater os ciberataques.

União Europeia

A Diretiva *SRI* (2016) é uma diretiva relativa à segurança das redes e dos sistemas de informação que obriga os Estados-Membros da UE a estabelecer estratégias nacionais de cibersegurança e exige que os operadores de serviços essenciais e os prestadores de serviços digitais adoptem medidas de gestão de riscos e incidentes.

O Regulamento Geral sobre a Proteção de Dados (RGPD, 2016) é um regulamento geral sobre a proteção de dados que rege o tratamento e a proteção dos dados pessoais dos cidadãos da UE e inclui requisitos em matéria de segurança dos dados e de notificação de violações da segurança dos dados.

As políticas de segurança da informação dos Estados incluem uma vasta gama de medidas destinadas a proteger a informação e as infra-estruturas críticas. Estas medidas incluem o desenvolvimento de estratégias nacionais, o estabelecimento de quadros jurídicos e regulamentares, a organização de organismos especializados e a cooperação internacional. Exemplos de medidas legislativas de diferentes países demonstram a diversidade de abordagens e instrumentos utilizados para garantir a segurança da informação a nível nacional.

Os acordos e *normas* **internacionais** de segurança da informação desempenham um papel importante na proteção dos dados e das infra-estruturas à escala mundial. Estabelecem princípios e procedimentos comuns para a segurança da informação e o intercâmbio de dados entre países e organizações. Seguem-se os principais acordos e normas internacionais neste domínio.

Acordos internacionais

1.   A Convenção sobre a ***Criminalidade Informática*** (Convenção do Conselho da Europa sobre a Cibercriminalidade CETS n.º 185) (Budapeste, 23 de novembro de 2001) é o primeiro acordo internacional destinado a combater a criminalidade no ciberespaço. Abrange questões relacionadas com as infracções informáticas, incluindo o acesso ilegal, a interferência em dados e sistemas, bem como as infracções relacionadas com os conteúdos e a violação dos direitos de autor.

2.***A Convenção das Nações Unidas sobre a Luta contra a Utilização das Tecnologias da Informação e da Comunicação para Fins Criminosos*** (também conhecida como Convenção das Nações Unidas sobre a

Cibercriminalidade) visa combater as infracções relacionadas com a utilização das tecnologias da informação e da comunicação. Os principais objectivos e princípios desta convenção incluem:

Definir e criminalizar a cibercriminalidade: desenvolver definições comummente aceites para vários tipos de cibercriminalidade, como a fraude informática, o roubo de dados, a distribuição de malware, a pirataria informática e outras formas de atividade ilegal em linha; estabelecer obrigações para os Estados Partes no sentido de criminalizarem determinados actos na legislação nacional.

Cooperação entre Estados: reforço da cooperação internacional no combate à cibercriminalidade, incluindo o intercâmbio de informações, as investigações conjuntas e a extradição; criação de mecanismos para o intercâmbio rápido e eficaz de dados entre os serviços responsáveis pela aplicação da lei de diferentes países.

Medidas de prevenção da cibercriminalidade: desenvolvimento e aplicação de medidas de prevenção da cibercriminalidade, incluindo a sensibilização do público e a melhoria da cibersegurança; formação e reforço das capacidades dos funcionários responsáveis pela aplicação da lei e dos funcionários judiciais em matéria de cibersegurança e cibercriminalidade.

Proteção dos direitos humanos e das liberdades fundamentais: garantir o respeito dos direitos humanos e das liberdades fundamentais no desenvolvimento e na aplicação de medidas de luta contra a cibercriminalidade; garantir o respeito do princípio da legalidade, da proporcionalidade e da necessidade na investigação e repressão da cibercriminalidade.

A Convenção foi desenvolvida em resposta às crescentes ameaças colocadas pela utilização das tecnologias da informação e da comunicação para fins criminosos e à necessidade de um quadro jurídico global para combater a cibercriminalidade. Sublinha a importância da cooperação internacional e da coordenação de esforços entre diferentes países para combater eficazmente este tipo de crime.

3. *A Convenção das Nações Unidas sobre Segurança Internacional da Informação é* um acordo-quadro destinado a estabelecer normas e princípios comuns para garantir a segurança no ciberespaço. Está a ser desenvolvida no contexto das crescentes ameaças à segurança da informação, como os ciberataques, a ciberespionagem, a disseminação de software malicioso e outras formas de cibercriminalidade. A Convenção das Nações Unidas sobre Segurança Internacional da Informação procura criar um espaço jurídico e regulamentar unificado para combater as ciberameaças e garantir a segurança na esfera da informação. Esta iniciativa desempenha um papel fundamental na criação de um ambiente de informação global sustentável e seguro que responda aos desafios e ameaças actuais.

Normas internacionais

1.   A ISO/IEC 27001 é uma norma internacional para sistemas de gestão da segurança da informação (SGSI) adoptada em 2013. Define os requisitos para a criação, implementação, manutenção e melhoria contínua do SGSI, que ajuda as organizações a proteger os seus recursos de informação.

2.   A ISO/IEC 27002 é um guia para a gestão da segurança da informação que fornece orientações práticas sobre as medidas de gestão da segurança da informação. Fornece um conjunto de controlos que podem ser utilizados para implementar um SGSI baseado na norma ISO/IEC 27001.

3. O NIST SP 800-53 é uma norma desenvolvida pelo U.S. National Institute of Standards and Technology (NIST) que oferece orientações para a gestão da segurança dos sistemas de informação das agências federais. Inclui recomendações para a gestão de riscos e medidas de proteção para

garantir a segurança dos sistemas de informação.

4. O RGPD (Regulamento Geral sobre a Proteção de Dados), adotado em 2016 e que entrou em vigor em 2018, regula o tratamento dos dados pessoais das pessoas na União Europeia. Estabelece regras rigorosas de proteção de dados e privacidade, incluindo requisitos de notificação para violações de segurança de dados.

Estes acordos e normas ajudam a criar uma abordagem coerente da segurança da informação a nível internacional, facilitando a cooperação entre países e organizações e promovendo uma melhor proteção da informação à escala mundial.

3.2. MEDIDAS E FERRAMENTAS TECNOLÓGICAS PARA GARANTIR A SEGURANÇA DA INFORMAÇÃO

As modernas tecnologias de segurança **da informação** englobam uma variedade de métodos e ferramentas destinados a garantir a segurança dos dados e dos sistemas. Vejamos em pormenor as principais tecnologias de segurança da informação.

1. **A encriptação** é o processo de conversão da informação numa forma que não pode ser lida por estranhos. Vejamos os principais tipos de encriptação.

A encriptação simétrica utiliza uma única chave para encriptar e desencriptar dados. Exemplos de algoritmos: AES (Advanced Encryption Standard), DES (Data Encryption Standard).

A encriptação assimétrica utiliza duas chaves - uma chave pública para a encriptação e uma chave privada para a desencriptação. Exemplos de algoritmos: RSA (Rivest-Shamir-Adleman), ECC (Elliptic Curve Cryptography).

A encriptação híbrida é uma combinação de encriptação simétrica e assimétrica, frequentemente utilizada em protocolos de segurança como o TLS (Transport Layer Security).

2. **A autenticação** é o processo de verificação da autenticidade de um

utilizador ou dispositivo. Os principais métodos são:

A autenticação por palavra-passe é um método de proteção da informação e dos sistemas contra o acesso não autorizado através da utilização de palavras-passe, método esse que se encontra generalizado e é uma das principais formas de garantir a segurança nos sistemas digitais.

A autenticação de dois factores (2FA) requer a utilização de dois métodos para provar a identidade (por exemplo, uma palavra-passe e um código único enviado para o telemóvel).

A autenticação biométrica requer a utilização de características biológicas únicas, como as impressões digitais, o reconhecimento facial ou da íris.

A autenticação baseada em certificados envolve a utilização de certificados digitais para provar a identidade.

3. **A autorização** é o processo de conceder a um utilizador ou dispositivo direitos de acesso a recursos após uma autenticação bem sucedida. Os métodos de autorização incluem: *controlo de acesso baseado em funções* (RBAC), em que o acesso é concedido com base nas funções do utilizador na organização, e *controlo de acesso baseado em* atributos (ABAC), em que o acesso é concedido com base em atributos do utilizador, dos recursos e do ambiente.

4. **A proteção contra malware** é um conjunto de tecnologias e métodos destinados a detetar, prevenir e remover software malicioso (vírus, cavalos de Troia, worms, etc.). Os seus principais componentes incluem.

Análise de assinaturas - comparação de ficheiros com uma base de dados de malware conhecido.

Análise heurística - análise do comportamento do programa para detetar código potencialmente malicioso.

Sandboxing - execução de programas suspeitos num ambiente isolado para analisar o seu comportamento.

Monitorização em tempo real - acompanhe a atividade do sistema e evite actividades suspeitas.

5. **As firewalls** são dispositivos ou software que monitorizam e filtram o tráfego de rede com base em regras de segurança especificadas. Tipos de firewalls:

Filtros *de pacotes* - filtra o tráfego com base em endereços IP e portas.

Firewalls ao nível da aplicação - analisam os dados ao nível da aplicação, proporcionando uma inspeção mais profunda.

Firewalls de próxima geração (NGFW) - incluem funcionalidades adicionais, tais como inspeção SSL, prevenção de intrusões (IPS) e controlo de aplicações.

6. Os sistemas de controlo de acesso determinam quem pode utilizar que recursos e que recursos podem ser utilizados. Eles incluem:

Sistemas de gestão da identidade e do acesso (IAM) - gestão centralizada dos utilizadores e dos seus direitos de acesso.

Controlo de acesso obrigatório (MAC) - O acesso é concedido com base em políticas predefinidas definidas pelo administrador.

Controlo de acesso discricionário (DAC) - os proprietários dos recursos determinam quem tem que direitos de acesso.

Em conjunto, estas tecnologias fornecem vários níveis de segurança da informação para ajudar a impedir o acesso não autorizado e proteger os dados contra uma variedade de ameaças.

O software especializado para a proteção da informação e a gestão da segurança desempenha um papel fundamental nos sistemas de informação modernos. Segue-se uma breve descrição das suas principais categorias.

1. **Os programas antivírus** são concebidos para detetar, prevenir e eliminar programas maliciosos (vírus, worms, cavalos de Troia, etc.). Exemplos: Kaspersky Anti-Virus, Norton AntiVirus, McAfee.

2. **Os programas anti-spyware** concentram-se na deteção e remoção de spyware que pode recolher informações sobre o utilizador sem o seu conhecimento. Exemplos: Spybot Search & Destroy, Malwarebytes.

3. **Os sistemas de gestão da segurança da informação** (SIEM) ajudam as organizações a recolher, analisar e monitorizar eventos de segurança em tempo real. Os sistemas SIEM combinam dados de várias fontes e fornecem uma gestão de segurança centralizada. Exemplos: Splunk, IBM QRadar, ArcSight.

4. **O software de encriptação de dados** pode efetuar a *encriptação total do disco* para proteger os dados em caso de roubo ou perda do dispositivo (Exemplos: BitLocker, VeraCrypt) e *a encriptação de ficheiros e pastas* para proteger os dados durante a transmissão ou armazenamento (Exemplos: AxCrypt, 7-Zip).

5. **As soluções de Gestão de Identidade e Acesso** (IAM) gerem o acesso a recursos e dados com base na identificação e nos direitos do utilizador. Exemplos: Microsoft Azure AD, Okta, CyberArk.

6. **A autenticação multifactor** (MFA) é utilizada para melhorar a segurança através da utilização de múltiplos factores de autenticação. Exemplos: Google Authenticator, Duo Security.

7. **As soluções de proteção contra fugas de dados** (DLP) impedem a fuga de informações sensíveis para o exterior da organização, controlando e restringindo a transferência de dados. As soluções DLP podem analisar dados em movimento, em repouso e em utilização. Exemplos: Symantec DLP, McAfee Total Protection for Data Loss Prevention, Forcepoint DLP.

Estas ferramentas e sistemas desempenham um papel importante na segurança dos sistemas de informação e na proteção dos dados contra várias ameaças e fugas.

O desenvolvimento de tecnologias de segurança da informação é um desafio crítico para a proteção dos dados e das infra-estruturas contra as ciberameaças. Segue-se uma breve panorâmica das **tendências promissoras** neste domínio:

1. **Inteligência artificial e aprendizagem automática.**

Automatizar a deteção de ameaças. Os algoritmos de aprendizagem automática podem analisar grandes volumes de dados para identificar anomalias e potenciais ameaças, reduzindo significativamente os tempos de resposta a incidentes.

Análise preditiva. A IA ajuda a prever potenciais ataques com base em dados anteriores e tendências actuais de ciberameaças.

Defesa adaptativa. Os sistemas de IA podem adaptar-se dinamicamente a novas ameaças, melhorando a proteção da rede e dos dados.

2. **Blockchain.**

Armazenamento descentralizado de dados. A cadeia de blocos proporciona um elevado nível de proteção dos dados devido à sua arquitetura distribuída, que a torna resistente a ataques e piratarias [22].

Transacções seguras. Os contratos inteligentes Blockchain e os algoritmos criptográficos garantem transacções seguras e transparentes.

Proteção da identidade. A utilização da cadeia de blocos para a gestão da identidade pode reduzir significativamente os riscos de fraude e roubo de identidade.

3. **Encriptação quântica.**

Resistência a ataques quânticos. A encriptação quântica utiliza as leis da mecânica quântica para criar chaves inquebráveis, tornando-a resistente a ataques por computadores quânticos.

Transmissão de dados com segurança absoluta. Os protocolos de distribuição de chaves quânticas (QKD) garantem que quaisquer tentativas de interceção de dados são detectadas, proporcionando um elevado nível de segurança para comunicações críticas.

4. **Internet das Coisas (IoT).**

Mecanismos de segurança incorporados. Desenvolver dispositivos IoT com características de segurança incorporadas, como a encriptação e a autenticação de dados.

Segmentação de rede. Utilize a tecnologia para segmentar os dispositivos IoT em redes separadas, reduzindo o risco de propagação de ataques.

Monitorização e gestão. Sistemas de monitorização avançados que utilizam a IA para analisar o comportamento dos dispositivos IoT e evitar anomalias.

Cada um destes domínios apresenta oportunidades significativas para melhorar a segurança da informação. A adoção e o desenvolvimento destas tecnologias ajudarão a criar sistemas mais seguros e ciber-resistentes, proporcionando uma proteção fiável dos dados e das infra-estruturas em todas as indústrias.

3.3. ASPECTOS EDUCATIVOS E CULTURAIS DA SEGURANÇA DA INFORMAÇÃO

O ensino desempenha um papel fundamental na segurança da informação a vários níveis, desde o ensino secundário geral até ao ensino pós-graduado. Vejamos cada uma destas áreas em mais pormenor [23].

1. **Ensino secundário geral e ensino secundário especializado.** Ao nível do ensino secundário geral e do ensino secundário especializado, são definidos os conhecimentos e as competências de base necessários para compreender e cumprir as regras de segurança da informação. Vejamos os aspectos mais importantes.

Sensibilização. São explicados aos alunos conceitos básicos de segurança da informação, como ameaças cibernéticas, privacidade dos dados e como proteger informações pessoais.

Competências de segurança. Aprender a trabalhar em segurança na Internet, a utilizar palavras-passe fortes, a ter consciência dos ataques de phishing e do malware.

Ética na Internet. Promover um comportamento responsável e ético em linha, incluindo o respeito pela privacidade e pela propriedade intelectual dos outros.

2. **O ensino superior** desempenha um papel mais significativo neste aspeto, proporcionando aos estudantes conhecimentos e competências especializados no domínio da segurança da informação. A introdução da disciplina "Literacia dos Média e Cultura da Informação" nos currículos das áreas humanitárias do ensino superior é uma tarefa urgente e importante. Esta disciplina ajudará os estudantes a compreender os princípios básicos da segurança da informação, bem como a desenvolver o pensamento crítico e as competências de análise da informação, e ajudará os estudantes não só a navegar melhor no moderno espaço da informação, mas também a protegerem-se de uma variedade de ameaças associadas à utilização das tecnologias digitais [24].

Cursos de licenciatura. As instituições de ensino superior oferecem programas de segurança da informação e cibersegurança que formam profissionais neste domínio [25].

Programas de mestrado. Os programas de mestrado especializados que formam peritos em cibersegurança permitem que os estudantes se concentrem em aspectos especializados da segurança da informação, como a criptografia, a análise de malware e a gestão de riscos.

Investigação. Estudantes e membros do corpo docente participam em investigação destinada a desenvolver novos métodos de proteção da informação e de combate às ciberameaças.

Competências práticas. Os estudantes fazem formação prática e estágios em empresas de TI, onde aplicam na prática os conhecimentos adquiridos.

3. **O ensino pós-graduado** no domínio da segurança da informação

compreende dois níveis principais: estudos *básicos de doutoramento* (pós-graduação) e estudos *de doutoramento*. Ambos os níveis visam o estudo e a investigação aprofundados de questões de segurança da informação, mas têm objectivos e requisitos diferentes.

Os estudos básicos de doutoramento (estudos de pós-graduação) e os programas *de doutoramento* diferem no nível de formação e nos resultados esperados, mas ambos os níveis contribuem para o crescimento profissional e a evolução da carreira nos domínios científico e industrial da segurança da informação.

A formação pós-graduada em segurança da informação proporciona conhecimentos e competências aprofundados para a investigação e o desenvolvimento de novas tecnologias.

4. **A formação e o desenvolvimento profissional** permitem que os especialistas existentes actualizem constantemente os seus conhecimentos e competências no domínio da segurança da informação, que está em rápida mutação: *programas de certificação como* o CISSP, CEH, CISM proporcionam um conhecimento aprofundado e a validação das qualificações dos especialistas; os *cursos de reciclagem* actualizam os conhecimentos e competências dos especialistas de acordo com as mais recentes tecnologias e métodos de proteção.

5. **As campanhas educativas e as iniciativas públicas** desempenham um papel importante na sensibilização geral do público para as questões da segurança da informação.

As campanhas públicas têm por objetivo informar um vasto público sobre os princípios básicos da segurança da informação.

As iniciativas comunitárias incluem programas de voluntariado, seminários e webinars organizados por organizações comunitárias e empresas de TI para diferentes grupos de pessoas.

São fornecidos gratuitamente *recursos e ferramentas* para a formação em segurança da informação (cursos em linha, artigos, vídeos, etc.).

Assim, a educação a todos os níveis desempenha um papel fundamental na segurança da informação, na medida em que permite adquirir conhecimentos básicos e especializados, desenvolver aptidões e manter actualizadas as competências nesta área crítica.

Os aspectos culturais desempenham um papel importante na perceção da segurança da informação. Cada cultura tem os seus próprios valores, ideias sobre privacidade e atitudes em relação à tecnologia [26]. Consideremos vários factores culturais que podem influenciar as percepções da segurança da informação.

A privacidade é o direito à liberdade pessoal e ao controlo da própria informação. A proteção da privacidade garante a autonomia individual, preservando o espaço pessoal e respeitando a privacidade. O direito à privacidade é protegido por lei em muitos países e existem várias normas e regulamentos que regem a recolha, utilização e transferência de dados pessoais. No entanto, à luz do rápido desenvolvimento da tecnologia e dos serviços digitais, estão a surgir novos desafios à proteção da privacidade, pelo que o trabalho em curso nesta área continua a ser importante. As diferentes culturas têm ideias diferentes sobre o que constitui informação pessoal e como esta deve ser protegida.

Nas culturas onde prevalece *o individualismo, como nos* países ocidentais, a privacidade e a liberdade pessoal são geralmente mais valorizadas. As pessoas esperam que os seus dados pessoais sejam protegidos e não sejam utilizados sem o seu consentimento. Em culturas com uma *mentalidade coletivista, como é o caso de* alguns países asiáticos, pode haver um entendimento mais generalizado de que a privacidade pessoal deve ser subordinada aos interesses da comunidade ou do grupo.

Algumas crenças *religiosas* e *culturais* também podem moldar a perceção da privacidade. Por exemplo, algumas culturas do Islão e da

Ortodoxia têm regras estritas sobre a privacidade das mulheres e a vida familiar.

Nas *sociedades desenvolvidas de hoje*, onde a tecnologia digital e os meios de comunicação social estão omnipresentes, podem surgir novas questões sobre a privacidade dos dados. Nessas culturas, as pessoas podem estar mais conscientes dos seus direitos à privacidade e ser mais exigentes quanto à proteção dos seus dados pessoais.

Estes factores podem levar a diferenças na legislação sobre privacidade e nas normas de proteção de dados em relação ao tratamento de informações pessoais em diferentes culturas.

Atitudes em relação à tecnologia. O nível de literacia tecnológica e as atitudes em relação à inovação tecnológica também podem variar consoante as culturas. As atitudes em relação à tecnologia são também muito diversas e dependem de muitos factores, como a experiência pessoal, o contexto cultural, a educação e até as características psicológicas.

Algumas pessoas encaram a tecnologia como um meio de melhorar a qualidade de vida e de se capacitarem. Utilizam ativamente as novas tecnologias na vida quotidiana, considerando-as assistentes indispensáveis.

Outras pessoas podem ser mais cautelosas ou mesmo cépticas em relação à tecnologia devido a preocupações com a privacidade, a segurança ou o impacto nas relações sociais. Podem preferir manter alguma distância das novas tecnologias ou estudá-las mais cuidadosamente antes de participar na sua utilização.

De qualquer modo, a tecnologia está a tornar-se cada vez mais parte integrante das nossas vidas e é importante manter um equilíbrio entre a utilização da tecnologia para atingir os seus objectivos e a sua utilização de uma forma informada para evitar possíveis consequências negativas.

As crenças éticas e morais também podem influenciar as percepções da segurança da informação. Por exemplo, algumas culturas podem considerar inaceitável violar a privacidade, mesmo que tal seja necessário para efeitos de segurança.

A compreensão destes aspectos culturais ajuda a desenvolver estratégias de segurança da informação mais eficazes, tendo em conta as necessidades e preferências únicas dos diferentes grupos culturais.

A literacia da informação engloba uma vasta gama de competências e conhecimentos necessários para encontrar, avaliar, utilizar e gerir eficazmente a informação [27]. No mundo digital atual, estas competências são fundamentais para a segurança pessoal. Consideremos três aspectos fundamentais: competências de pensamento crítico, conhecimento da segurança digital e utilização ética da informação.

1. O pensamento crítico é a capacidade de analisar e avaliar objetivamente a informação para chegar a conclusões válidas. No contexto da literacia da informação, o pensamento crítico ajuda a realizar eficazmente as seguintes tarefas

Determinar a credibilidade das fontes de informação é uma tarefa importante no processo de tratamento da informação, quer se trate de investigação, jornalismo ou apenas do consumo quotidiano de notícias. De seguida, apresentamos os principais métodos para determinar a credibilidade das fontes, com exemplos.

Determinar a credibilidade do autor, verificando as suas qualificações, experiência e reputação. Por exemplo, um artigo sobre investigação médica escrito por um médico com anos de experiência e publicações em revistas científicas tem mais probabilidades de ser credível.

Analisar a fonte da publicação. Verifique a reputação da publicação ou plataforma onde a informação foi publicada. Por exemplo, um artigo científico publicado numa revista com revisão por pares é geralmente mais credível do que um artigo num blogue pessoal.

Verificação de citações. Analisar o número de vezes que um artigo foi citado por outras fontes fidedignas. Por exemplo, um artigo que é frequentemente citado noutros artigos científicos tem um índice de citação elevado e é considerado fiável.

Analisar as provas e a metodologia. Verificar se uma fonte utiliza uma metodologia baseada em provas e dados fiáveis. Por exemplo, um estudo realizado com grupos de controlo e dados estatisticamente significativos será considerado mais credível.

Comparação com outras fontes. Comparar informações com dados de outras fontes fiáveis para confirmar factos. Por exemplo, as notícias confirmadas por vários meios de comunicação social importantes são mais fiáveis.

Teste de objetividade. Uma avaliação para determinar se um autor ou publicação tem um preconceito ou conflito de interesses. Por exemplo, a informação fornecida por grupos de reflexão independentes é geralmente considerada mais objetiva do que o material patrocinado por interesses instalados.

Utilização de plataformas de verificação de factos verificados. Verificar as informações utilizando sítios Web e plataformas especializadas na verificação de factos. Por exemplo, as informações verificadas por organizações como Snopes ou FactCheck.org serão mais fiáveis.

Verificação inversa da fonte. Verificar as fontes originais às quais a informação se refere. Por exemplo, se uma notícia fizer referência a um estudo científico, é importante verificar o próprio estudo para garantir a exatidão dos dados apresentados.

Controlo da contextualização. Uma avaliação do contexto em que a informação é apresentada para evitar que os dados sejam retirados do contexto. Por exemplo, as estatísticas apresentadas com o contexto completo do estudo serão mais fiáveis do que as apresentadas sem uma explicação das condições subjacentes.

Estes métodos permitem-lhe avaliar a informação de forma mais crítica e selecionar as fontes mais credíveis para o seu trabalho ou uso pessoal.

A análise e a síntese de informação são abordagens metodológicas importantes utilizadas para a aquisição de conhecimentos, a resolução de problemas e a tomada de decisões. São frequentemente utilizadas na investigação científica, na inteligência empresarial, na engenharia e noutros domínios. Vamos analisar mais detalhadamente cada uma destas metodologias e dar exemplos da sua aplicação.

A análise da informação é o processo de decomposição de informações complexas ou de um sistema em componentes mais simples, a fim de as examinar e compreender. A análise ajuda a identificar os elementos-chave e as suas inter-relações.

Vamos definir as principais etapas da análise da informação: 1) Determinar a finalidade e os objectivos da análise. 2) Recolha de informação. 3) Dividir a informação nas suas partes constituintes. 4) Estudar cada parte separadamente. 5) Identificar as relações entre as partes. 6) Formulação de conclusões.

Suponhamos que uma empresa pretende compreender as razões do declínio das vendas.

1) *Definição do objetivo.* Descobrir as razões para o declínio das vendas.

2) *Recolha de informações.* Recolher dados sobre vendas, campanhas de marketing, condições económicas, feedback dos clientes, etc.

3) *Separação da informação.* Categorizar os dados em categorias, por exemplo, por tempo, produtos, regiões, canais de vendas.

4) *Examinar as partes.* Analisar cada categoria separadamente. Por exemplo, examinar os dados de vendas por região.

5) *Identificação de correlações.* Identificar correlações entre vendas

mais baixas e, por exemplo, custos de marketing mais baixos ou recessões económicas em determinadas regiões.

6) *Formulação de conclusões*. Identificar razões específicas, como a redução do orçamento para publicidade ou o feedback negativo dos clientes.

Sintetizar informação é o processo de combinar partes separadas de informação num todo para chegar a uma visão ou solução global. A síntese ajuda a integrar diferentes aspectos e a obter uma compreensão holística.

Vamos definir as principais etapas da síntese da informação: 1) Determinar a finalidade e os objectivos da síntese. 2) Recolher os elementos de informação necessários. 3) Analisar cada informação. 4) Determinar as relações entre as partes. 5) Integrar as partes num todo. 6) Formular uma conclusão ou decisão global.

Suponhamos que uma empresa pretende desenvolver uma nova estratégia de marketing.

1) *Definir o objetivo*. Desenvolver uma estratégia de marketing eficaz.

2) *Recolha de informações*. Dados sobre campanhas de marketing actuais, análises da concorrência, estudos de mercado, feedback dos clientes.

3) *Análise de peças*. Analisar dados sobre campanhas actuais, examinar estratégias da concorrência, compreender as necessidades dos clientes.

4) *Identificar as inter-relações*. Identificar a forma como diferentes abordagens de marketing afectam diferentes segmentos de mercado.

5) *Integração*. Combinar todos os elementos de informação para criar uma estratégia global.

6) *Formulação de conclusões*. Criação de uma estratégia de marketing

abrangente que tenha em conta as melhores práticas dos concorrentes, as necessidades dos clientes e a análise das campanhas actuais.

As metodologias de análise e de síntese são frequentemente utilizadas em conjunto. Por exemplo, na investigação científica, os dados são primeiro analisados para identificar os principais aspectos e padrões e, em seguida, é sintetizada uma teoria ou modelo geral com base nos resultados.

A análise e a síntese são metodologias complementares que ajudam a estruturar e a interpretar a informação. A aplicação destas abordagens permite-lhe resolver eficazmente problemas complexos e tomar decisões informadas.

2. **A segurança digital** (ou segurança da informação) é um conjunto de medidas e práticas destinadas a proteger os sistemas de informação, as redes, os dados e os dispositivos contra ataques digitais, acesso não autorizado, ciberameaças, danos e roubo. O objetivo da segurança digital é garantir a confidencialidade, a integridade e a disponibilidade da informação.

Os principais aspectos da segurança digital incluem *a confidencialidade*, *a integridade* e a *disponibilidade*.

A confidencialidade é o princípio segundo o qual as informações cujo acesso é restrito não devem ser divulgadas ou utilizadas sem autorização. Abrange muitos aspectos da vida humana e social.

Proteger informações *pessoais* como o nome, a morada, os números de telefone, os registos médicos, os dados financeiros, etc. A importância da proteção destas informações é acrescida na era digital e da Internet.

Confidencialidade dos *dados* e *segredos comerciais,* que podem incluir planos de negócios, informações financeiras, estratégia de desenvolvimento, etc. Estas informações são frequentemente protegidas por acordos de não divulgação.

A confidencialidade em *contextos profissionais,* como entre médico e paciente, advogado e cliente, padre e paroquiano. A violação desta confidencialidade pode ter consequências legais e levar à perda de confiança.

Medidas de *proteção das informações* contra o acesso, a alteração e a destruição não autorizados, que incluem a utilização de cifragem, o controlo do acesso, actualizações regulares do software e a formação do pessoal.

Leis e regulamentos *que regem a proteção de* informações sensíveis. Diferentes países têm as suas próprias leis de proteção de dados, como o RGPD na Europa ou a HIPAA nos Estados Unidos.

A privacidade é importante para garantir a segurança pessoal, proteger os direitos e as liberdades, manter a confiança e defender a ética profissional. No mundo atual, em que os dados estão cada vez mais acessíveis e vulneráveis, as questões de privacidade estão a tornar-se cada vez mais importantes.

A integridade dos dados e dos sistemas é um princípio que visa garantir a exatidão, a exaustividade e a continuidade das informações e dos processos. A integridade inclui vários aspectos fundamentais:

Os dados e os sistemas devem ser protegidos contra *modificações não autorizadas*, evitando modificações que possam perturbar os sistemas ou distorcer a informação.

Os dados devem ser *exactos* e *fiáveis,* o que é importante para tomar as decisões certas com base em informações correctas.

Os dados devem permanecer *inalterados* durante a transmissão através da rede e quando armazenados em vários suportes, o que exige a utilização de tecnologias como as somas de verificação e o hashing para verificar se os dados não foram alterados.

É importante monitorizar *o acesso* e *as alterações aos* dados para que as acções não autorizadas possam ser detectadas e evitadas, o que inclui o registo e auditorias de segurança regulares.

As cópias de segurança regulares dos dados e a *capacidade de* os *restaurar em* caso de perda ou corrupção garantem a continuidade da atividade e minimizam as perdas.

Desenvolver e implementar *políticas* e *procedimentos* claros que regulem quem pode *efetuar alterações aos* dados e sistemas e como, ajudando a evitar erros acidentais e utilizações indevidas.

A integridade dos dados e dos sistemas é fundamental para garantir a sua fiabilidade e credibilidade. Em domínios que vão desde as finanças e os cuidados de saúde à administração pública e às tecnologias da informação, a manutenção da integridade é uma componente essencial da segurança e resiliência globais.

A disponibilidade dos dados e dos sistemas é um princípio de segurança da informação que garante que as informações e os serviços estão disponíveis para os utilizadores no momento e no local certos. Este princípio significa que os dados e serviços devem estar disponíveis na medida do necessário para cumprir os processos empresariais ou satisfazer as necessidades dos utilizadores.

Os sistemas têm de ser concebidos para a ocorrência *de falhas* e para a *resiliência.* A redundância, as cópias de segurança de dados e os mecanismos de recuperação automática ajudam a minimizar o tempo de inatividade e a garantir uma disponibilidade contínua.

Os sistemas têm de estar preparados para serem *escalados de modo a* garantir a disponibilidade, mesmo quando a carga ou a base de utilizadores aumenta. O escalonamento horizontal e a utilização de tecnologias de nuvem permitem que os recursos sejam escalonados de forma eficiente, conforme necessário.

Para garantir a disponibilidade, os dados e os serviços devem funcionar com *taxas* de resposta *elevadas,* o que exige a otimização da arquitetura do sistema, da infraestrutura de rede e dos processos de dados.

A proteção contra ataques DDoS, vírus e outros tipos de ciberameaças também faz parte da garantia de disponibilidade. A implementação de defesas como firewalls, barreiras de segurança e sistemas de deteção de intrusão pode ajudar a evitar ataques que visem restringir o acesso.

A manutenção e *as actualizações* regulares dos sistemas e do software são essenciais para evitar períodos de inatividade não planeados e garantir um funcionamento fiável.

Fazer cópias de segurança dos seus dados e desenvolver *planos de recuperação de* desastres ajuda a reduzir o tempo de inatividade e a garantir um rápido restabelecimento da disponibilidade.

Garantir a acessibilidade é um aspeto fundamental para assegurar o funcionamento eficiente das empresas e a satisfação das necessidades dos utilizadores. As violações da acessibilidade podem ter consequências graves, como a perda de clientes, danos à reputação e prejuízos financeiros.

Os métodos e ferramentas de segurança digital podem incluir software antivírus, firewalls, cifragem de dados, sistemas de controlo de acesso, auditoria e monitorização da segurança, formação e sensibilização dos utilizadores.

3. A **utilização ética da informação** é a observância de princípios e normas morais na recolha, armazenamento, processamento, divulgação e utilização de dados. Os principais aspectos da utilização ética da informação incluem:

Privacidade. Proteger os dados e informações pessoais contra o acesso não autorizado, o que é particularmente importante quando se trata de dados pessoais em que uma violação da confidencialidade pode ter consequências graves para as pessoas.

Transparência. Comunicação aberta e honesta sobre a forma como os dados são recolhidos, armazenados e utilizados, o que inclui a notificação dos utilizadores sobre a finalidade da recolha de dados e a forma como são utilizados.

Consentimento. Obtenção de consentimento explícito para a recolha e utilização de dados. As pessoas devem poder controlar o que os seus dados são recolhidos e como serão utilizados.

Utilização prevista. Utilizar os dados exclusivamente para os fins declarados e evitar a sua utilização noutros contextos sem autorização.

Exatidão. Garantir que os dados são exactos, completos e actualizados, o que é importante para tomar decisões informadas e evitar a divulgação de informações falsas.

Segurança. Proteger os dados contra fugas, perdas e outras ameaças, como ataques de piratas informáticos, o que inclui a aplicação de medidas técnicas e organizacionais para garantir a segurança dos dados.

Equidade. Evitar a discriminação e o tratamento injusto na utilização dos dados. Isto é importante para evitar preconceitos e desigualdades na tomada de decisões baseada em dados.

Responsabilidade. Definir claramente a responsabilidade pelo tratamento dos dados e as consequências da sua utilização. As organizações e as pessoas que trabalham com dados devem ser responsabilizadas por um comportamento ético.

A aplicação destes princípios ajuda a garantir que a informação é tratada de forma justa e responsável, que os direitos humanos são respeitados e que a confiança entre as organizações e o público é reforçada.

Os aspectos educativos e culturais acima referidos sublinham a importância de uma abordagem global do desenvolvimento da segurança da informação pessoal, que inclua não só medidas tecnológicas, mas também a formação de conhecimentos, competências e atitudes culturais adequados.

O conceito de segurança da informação sofreu uma evolução significativa devido ao desenvolvimento da tecnologia e às mudanças na sociedade. As abordagens filosóficas, como a fenomenologia e a teoria crítica, ajudam a compreender melhor a natureza das ameaças à informação e o seu impacto no indivíduo.

Os ciberataques, a engenharia social e as ameaças à privacidade representam sérios riscos para a segurança da informação das pessoas. Estas ameaças não têm apenas um aspeto técnico, mas também um aspeto psicológico e social, afectando a saúde mental e as relações sociais dos indivíduos.

As questões éticas e jurídicas desempenham um papel importante na definição das abordagens à segurança da informação. O equilíbrio entre a segurança e os direitos humanos, como o direito à privacidade e à liberdade de expressão, exige uma análise cuidadosa e a adesão a normas éticas.

A adoção de medidas eficazes de segurança da informação exige uma coordenação a nível estatal e internacional. As políticas estatais, os acordos e normas internacionais e o papel das organizações internacionais são componentes fundamentais de uma estratégia bem sucedida.

Com base no estudo, podem ser feitas as seguintes **recomendações**:

Programas de sensibilização e educação. Introduzir cursos de cibersegurança nos programas escolares e universitários, bem como formação para os trabalhadores. É igualmente importante lançar campanhas públicas destinadas a sensibilizar para os riscos e para os métodos de proteção.

Melhorar a legislação e a cooperação internacional. Desenvolver e adotar legislação destinada a proteger os dados e a combater a cibercriminalidade e participar ativamente em acordos e iniciativas internacionais. Estabelecer normas e protocolos internacionais para uma resposta conjunta às ameaças.

Desenvolvimento e implementação de novas tecnologias. Investir no desenvolvimento e na aplicação de tecnologias avançadas, como a criptografia quântica, a cadeia de blocos e a inteligência artificial, para melhorar a proteção dos dados e evitar ataques.

Apoio a normas éticas. Desenvolver e aplicar normas éticas para a segurança da informação, incluindo a proteção dos direitos humanos e a garantia de um acesso justo à informação. Criar comités de ética e auditores independentes para controlar e aplicar as normas.

Moldar valores e normas culturais. Promover uma cultura de segurança da informação, incluindo o respeito pela privacidade, a consciencialização dos riscos e um comportamento responsável no espaço digital. Participar em intercâmbios culturais internacionais e iniciativas para melhorar a literacia digital.

Estas recomendações ajudarão a criar uma sociedade da informação mais segura, em que as informações pessoais estão seguras e os utilizadores têm os conhecimentos e as competências necessárias para enfrentar as ameaças actuais.

O estudo da segurança da informação pessoal na sociedade da informação revelou várias **direcções promissoras** para uma investigação filosófica e interdisciplinar mais aprofundada:

Ética e Inteligência Artificial. Explora questões éticas relacionadas com a utilização da inteligência artificial na segurança da informação, incluindo aspectos de privacidade, autonomia e confiança.

Filosofia da tecnologia e identidade digital. Analisar o impacto das novas tecnologias na noção de personalidade e identidade no espaço digital. Como as pegadas digitais e os dados comportamentais afectam a perceção da personalidade e da identidade.

Ciberfilosofia e pós-humanismo. Uma exploração dos conceitos de pós-humanismo no contexto da segurança da informação, incluindo o impacto do ciberespaço na experiência e essência humanas.

Abordagens interdisciplinares da cibersegurança. Combinação da filosofia com a informática, a sociologia, a psicologia e o direito para uma compreensão mais abrangente da segurança da informação. Análise dos factores sociais e psicológicos que influenciam o comportamento dos utilizadores e a perceção das ameaças.

Filosofia do direito e segurança da informação. Análise dos aspectos jurídicos da segurança da informação numa perspetiva filosófica. Questões de regulamentação, respeito pelos direitos humanos e equilíbrio entre segurança e liberdades.

A participação ativa do público na segurança da informação criará um espaço digital mais seguro e resistente, onde todos podem usufruir dos benefícios da tecnologia sem receio da privacidade. Trabalhar em conjunto para promover a literacia, a tecnologia e a ética garantirá uma forte proteção num mundo da informação em rápida mutação.

LITERATURA

1. Burnashev R. Análise filosófica do conceito de sociedade da informação //Namangan davlat universiteti Ilmiy axborotnomasi. - 2023. - №. 9. - C. 194-202.

2. Krasnoyarchuk V. I. Da história dos primeiros vírus informáticos // Teoria e prática da atividade financeira e económica das empresas de vários sectores. Ciência e sociedade: problemas e soluções actuais. - 2021. - C. 456-460.

3. Klishina Y. E., Uglitskikh O. N. Riscos de ciberataques e seguros de ciberameaças. N. Riscos de ciberataques e seguros de ciberameaças / O papel da gestão de riscos e dos seguros na garantia da sustentabilidade da sociedade e da economia. - 2023. - C. 195-201.

4. Bulatenko M. A., Goronok D. L. Principais problemas para garantir a segurança económica da empresa em condições modernas // Vestnik Altai Academy of Economics and Law. - 2019. - №. 2. - C. 71-75.

5. Skudnev D. M. et al. Possibilidades prospectivas de utilização da inteligência artificial para prevenir ciberataques // Modern Science-Intensive Technologies. - 2020. - №. 8. - C. 75-78.

6. Kadochnikov, V. P. Problemas filosóficos da investigação científica do fenómeno da informação (em russo) // Omsk scientific bulletin. - 2007. - №. 2 (54). - C. 114119.

7. Burnashev R. F. F. F., Asrorova M. O., Masarova K. F. Fundamentos filosóficos do conceito de segurança pessoal na era da digitalização //Universum: Social Sciences. - 2023. - №. 11 (102). - C. 33-39.

8. Burnashev R. F., Nasimova M. U. Análise filosófica das transformações do conceito de "amor" na sociedade da informação //Universum: ciências sociais. - 2023. - №. 12 (103). - C. 12-18.

9. Burnashev R. F. Análise do papel e do lugar da personalidade no

espaço da informação //Universum: ciências sociais. - 2023. - №. 10 (101). - C. 21-26.

10. Burnashev R. F. O mundo virtual como uma nova forma de realidade para o homem: aspectos filosóficos e psicológicos //Journal of Intellectual Property and Human Rights. - 2023. - T. 2. - №. 11. - C. 57-65.

11. Burnashev R. F. Filosofia da sociedade da informação: problemas de justiça social na era da digitalização //Universum: ciências sociais. - 2024. - №. 1 (104). - C. 10-14.

12. Dzhumabaeva M. Sh., Burnashev R. F. Ameaças à informação e segurança psicológica em sistemas de informação abertos //Gospodarka i Innowacje. F. Ameaças à segurança da informação e à segurança psicológica em sistemas de informação abertos //Gospodarka i Innowacje. - 2023. - T. 35. - C. 794-803.

13. Burnashev R.. F. F., Kholikova M. A. Aspectos fundamentais e perspectivas da utilização das tecnologias da informação nas empresas //Universum: Economia e Jurisprudência. - 2023. - №. 7 (106). - C. 4-9.

14. Gokun Y. S. Qualificação dos ataques de hackers ao abrigo da legislação civil //Voprosy Rossiyskaya Justicia. - 2022. - №. 19. - C. 174-179.

15. Kodatsky N. M., Motuz A. C. Análises e riscos de ataques cibernéticos // Journal of StudNet. - 2022. - T. 5. - №. 1. - C. 559-566.

16. Lisetsky Y. M., Bobrov S. I. Novas ameaças à segurança da informação ou armas de contaminação em massa // Mathematical Machines and Systems. I. Novas ameaças à segurança da informação ou armas de contaminação em massa // Mathematical Machines and Systems. - 2018. - №. 1. - C. 41-50.

17. Dolzhenko I. B. Impacto dos principais riscos nas operações das empresas multinacionais do sector do consumo //Modern Science. - 2021. - №. 1-2. - C. 42-47.

18.	Burnashev R. F., Murzamuratova U. B. Aplicação de tecnologias de linguística computacional em redes sociais e marketing na Internet //Universum: filologia e história da arte. - 2023. - №. 10 (112). - C. 14-19.

19. Burnashev R.F., Shavkatova Sh.Sh. Análise socio-filosófica da privacidade digital e do seu papel na garantia da informação e da segurança psicológica // Universum: Social Sciences. - 2024. - №. 5 (108). - C. 42-46.

20. Burnashev R. F., Khudayberdiyeva M. B. O papel das redes sociais na transformação da sociedade no limiar da sociedade inteligente //Gospodarka i Innowacje. - 2023. - T. 35. - C. 257-263.

21. Burnashev R. F. Aspectos filosóficos da ética digital na era do progresso tecnológico //Universum: ciências sociais. - 2023. - №. 12 (103). - C. 19-23.

22. Burnashev R. F. F., Kurbanova F. H. Tecnologia Blockchain: princípios de funcionamento, aplicação e perspectivas de desenvolvimento //Gospodarka i Innowacje. - 2023. - T. 35. - C. 786-793.

23.	Burnashev R. F., Makhmudjonova N. M. O papel da filosofia na formação de orientações de valor na educação moderna //Universum: Social Sciences. - 2024. - №. 3 (106). - C. 27-31.

24. Burnashev R. F., Makhmudjonova M. D. Aspectos filosóficos e pedagógicos do desenvolvimento da literacia mediática na sociedade da informação //Universum: ciências sociais. - 2024. - №. 4 (107). - C. 28-32.

25.	Burnashev R. F. Papel das tecnologias inovadoras na melhoria da qualidade do domínio das ciências técnicas //Universum: Ciências Técnicas. - 2023. - №. 7-1 (112). - C. 14-19.

26. Burnashev R.F., Ismatilloeva M.A. Análise filosófica da influência da inteligência artificial na literatura da era da globalização // Universum: Social Sciences. - 2024. - №. 5 (108). - C. 47-50.

27.Burnashev R.F., Ziyoeva G.A. Análise filosófica da literacia mediática no contexto da transformação do espaço de informação // Universum: Social Sciences. - 2024. - №. 5 (108). - C. 38-41.

64

Índice

Printed by Books on Demand GmbH, Norderstedt / Germany